Este livro pertence a

....

....

Nossa Amiga Aparecida

História de Nossa Senhora Aparecida para crianças

Nossa Amiga
Aparecida

História de Nossa Senhora Aparecida para crianças

Serginho Rodrigues

EDITORA
SANTUÁRIO

Direção Editorial: Pe. Marcelo C. Araújo, C.Ss.R.
Coordenação Editorial: Ana Lúcia de Castro Leite
Revisão: Ana Lúcia de Castro Leite
Capa e Diagramação: Mauricio Pereira
Desenhos: Wendell Rubio

Dados Internacionais de Catalogação na Publicação (CIP)
(Câmara Brasileira do Livro, SP, Brasil)

Rodrigues, Serginho
　　Nossa amiga Aparecida: história de Nossa Senhora Aparecida para crianças / Serginho Rodrigues; [ilustrações de Wendell Rubio]. – Aparecida, SP: Editora Santuário, 2013.

　　ISBN 978-85-369-0317-0

　　1. Crianças – Vida religiosa 2. Histórias para crianças 3. Nossa Senhora Aparecida – História I. Rubio, Wendell. II. Título.

13-07954　　　　　　　　　　　　　　　　　CDD-232.91

Índices para catálogo sistemático:
1. Nossa Senhora Aparecida: Culto: História: Religião 232.91

3ª Impressão

Todos os direitos reservados à **EDITORA SANTUÁRIO** – 2019

Rua Pe. Claro Monteiro, 342 – 12570-000 – Aparecida-SP
Tel.: 12 3104-2000 – Televendas: 0800 - 16 00 04
www.editorasantuario.com.br
vendas@editorasantuario.com.br

Em 1717,
no Paraíba do Sul,
nem Cascudo, nem Tilápia,
Piabanha ou Pacu.

Os barquinhos deslizavam
e levavam os amigos,
três humildes pescadores:
João, Filipe e Domingos.

Peixes eram necessários
para o Conde de Assumar,
que de longe viajava
para Guaratinguetá.

Já cansados do trabalho,
mas com fé de pescador,
outra vez lançaram a rede
para a honra do senhor.

Mas não veio nenhum bagre.
E, por incrível que pareça,
em vez de peixes, pescaram
uma imagem sem cabeça.

A cena tão curiosa
aquele trio não entendeu,
pois só no segundo lance
o milagre aconteceu.

Outra vez vazia rede.
Mas quem é que não se espanta?
Em vez de peixes, pescaram
a cabeça de uma santa.

A partir daquele instante
foi só festa e alegria.
Peixes grandes e pequenos
salvaram a pescaria.

Foi em 12 de outubro
essa pesca milagrosa.
E, em toda a região,
a santa ficou famosa.

Filipe levou para casa
a santinha milagreira.
E um altar foi construído
com um pedaço de madeira.

Vinha gente bem de longe,
leste, oeste, norte, sul.
E uma capela foi erguida
lá no Porto Itaguaçu.

Até a vila crescia
com tantos, tantos romeiros.
E uma igreja foi erguida
lá no morro dos coqueiros.

Vinha a pé, de carruagem,
de joelhos vinha o povo,
para ver se era verdade
algo lindo, algo novo...

...que fez apagar as velas
e depois fez acender.
E a menina que era cega
de nascença pôde ver.

Zacarias das correntes,
menino da correnteza.
Libertou muitas pessoas,
muita gente indefesa.

Cavaleiro zombador
foi para o chão e não viu nada.
E o cavalo ficou preso
com a ferradura na escada.

Caçador ameaçado
chamou por nossa senhora.
E a onça muito brava
só cheirou e foi embora.

Os milagres aumentavam
pelas mãos da mãe do céu.
Um manto e uma coroa
deu-lhe a Princesa Isabel.

Uma rosa de ouro puro
mandou sua santidade.
Indulgências aos devotos
por amor e por bondade.

A romaria aumentava
dia a dia, ano a ano.
Foi preciso construir
o maior Templo Mariano.

E os padres e irmãos Redentoristas,
com amor e com paixão,
zelam pelo santuário
da Imaculada Conceição.

Essa é a bela história que
com fé se construiu
de nossa amiga Aparecida,
Padroeira do Brasil.

Ave-Maria

Ave, Maria, cheia de graça,
o Senhor é convosco,
bendita sois vós entre as mulheres
e bendito é o fruto do vosso ventre, Jesus.

Santa Maria, Mãe de Deus,
rogai por nós, pecadores,
agora e na hora de nossa morte.
Amém.

Mãezinha do Céu

Mãezinha do céu, eu não sei rezar;
eu só sei dizer: "Quero te amar".
Azul é teu manto, branco é teu véu,
Mãezinha, eu quero te ver lá no céu.

Mãezinha do céu, Mãe do puro amor,
Jesus é teu filho e eu também sou.
Azul é teu manto, branco é teu véu,
Mãezinha, eu quero te ver lá no céu.

Mãezinha do céu, vou te consagrar
a minha inocência, guarda-a sem cessar.
Azul é teu manto, branco é teu véu,
Mãezinha, eu quero te ver lá no céu.

Mãezinha do céu, em tua proteção,
oh, guarda meus pais e todos os meus irmãos!
Azul é teu manto, branco é teu véu,
Mãezinha, eu quero te ver lá no céu.

Mãezinha do Céu, abençoe estas pessoas:

Milton Keynes UK
Ingram Content Group UK Ltd.
UKHW050203150224
437784UK00006B/152